Cozinha Vegetariana

SOPAS E *CROÛTONS*

Caroline Bergerot
(Sefira)

Cozinha Vegetariana

Sopas e *Croûtons*

Editora
Cultrix
São Paulo

1ª edição 2002.

5ª reimpressão 2014.

Foto da Capa:
Paulo Gustavo Bergerot

Para contatos com a autora:
Caixa Postal 22902 CEP: 74916-970 GO

EDITORA PENSAMENTO-CULTRIX LTDA.
Rua Dr. Mário Vicente, 368 – 04270-000 – São Paulo, SP – Brasil
Fone: (11) 2066-9000 – Fax: (11) 2066-9008
E-mail: atendimento@editoracultrix.com.br
http://www.editoracultrix.com.br
Foi feito o depósito legal.

COMETA GRÁFICA E EDITORA LTDA
TEL / FAX: 6162-8999-6162-9099

CONVERSA INICIAL

Para compormos a coleção, achamos que não poderiam faltar as sopas, que são práticas, fáceis e muito nutritivas.

Aquela idéia que tínhamos de que sopa era ruim finalmente nos abandonará ao vermos a rica variedade apresentada e a vasta quantidade de opções.

Cremosas ou cheias de novidades temperadas, as sopas poderão ser nossa nova especialidade.

Dependendo da ocasião as sopas poderão ser mais consistentes e fortes, tornando-se o ponto alto da refeição, ou mais finas e delicadas, como complemento ou aparecendo como entrada.

Antes de escolher alguma receita veja o que há disponível e quais verduras ou legumes precisam ser consumidos com mais urgência.

Evite jogar alimentos fora ou desperdiçá-los.

Lave sempre os legumes, as verduras com muita atenção. Reserve escovinhas e esponjas somente para o uso deles.

Há uma variedade muito grande de ingredientes e temperos disponíveis e que as vezes não utilizamos por esquecimento, acomodação ou mesmo preconceito que podemos deixar de lado.

À medida que vamos participando mais intimamente da culinária vamos descobrindo que o carinho e a alegria que colocamos ao preparar o alimento são também ingredientes muito importantes, influindo bastante sobre o resultado final.

Às vezes ficamos presos a certos condicionamentos que deixamos de descobrir outros caminhos e, pensando assim, usamos aqui uma rica variedade de temperos, abrindo mão dos tradicionais temperos.

Sugerimos também, neste volume, deliciosos *croûtons* e também deliciosas opções de acompanhamentos para servirmos junto com as sopas. São dicas que irão enriquecer e valorizar sua refeição; além de serem de fácil preparo.

Sempre que possível compre, guarde, lave e prepare pessoalmente seus alimentos. Aprenda a prepará-lo. Coloque sempre amor e alegria em tudo o que fizer e principalmente na alimentação.

ÍNDICE DAS RECEITAS

Sopas e Croûtons

CREME COM ALCACHOFRA

- 3 copos de fundos de alcachofra cortados em pedaços pequenos
- 2 copos de arroz integral cozido
- 2 batatas-inglesas
- 1 copo de aipo picadinho
- 1 copo de temperos verdes picadinhos
- 1 colher de sobremesa de pimenta-do-reino verde amassada
- 1 colher de chá de tomilho
- 1 colher de sobremesa rasa de sal
- azeite de oliva

Para acompanhar:

- 3 fatias de pão de fôrma, sem a casca e cortadas em cubos
- 3 colheres de sopa de óleo de gergelim
- 1 pitada de sal
- 1 colher de pimenta-síria

Bata o arroz integral com água quente no liquidificador até os grãos sumirem. Passe por uma peneira e bata novamente com as batatas cozidas.

Leve ao fogo o azeite de oliva, adicione o aipo, os temperos e mantenha o fogo alto por 10 minutos, mexendo sempre com colher de pau.

Adicione a alcachofra e mexa por mais 5 minutos para então colocar o caldo de arroz e batatas.

Assim que levantar fervura aguarde mais 5 minutos e está pronta.

Aqueça o óleo de gergelim numa frigideira larga e frite os cubos de pão, temperando-os com sal e pimenta-síria.

Mexa-os com garfo de madeira e assim que estiverem dourados retire-os e sirva-os acompanhando a sopa.

CREME COM FUBÁ E BRÓCOLIS

- 1/2 copo de fubá pré-cozido
- 2 1/2 copos de água a temperatura ambiente
- 1/2 maço de brócolis cortado em raminhos
- 1 copo de coentro fresco picado
- 1 copo de tomate picado
- 1 copo de pimentão vermelho picado
- 1/2 copo de talos de aipo picadinhos
- 1 colher de chá de *zattar*
- 5 colheres de sopa de óleo ou azeite de oliva
- 1 colher de sobremesa de sal

Palitinhos para acompanhar:

- 1/2 xícara de farinha de trigo
- 1/2 xícara de glúten
- 1/2 colher de chá de sal
- 1 colher de sobremesa de fermento químico em pó
- 4 colheres de sopa de óleo ou azeite de oliva
- 1 pitada de pimenta-malagueta
- 8 colheres de sopa de água
- gergelim

Coloque o óleo ou azeite em uma panela e aí refogue o coentro, o tomate, o pimentão, o *zattar*, o aipo e o sal.

Acrescente os raminhos de brócolis e tampe a panela. Assim que estiverem macios, adicione o fubá diluído na água (não use água quente).

Mantenha o fogo baixo, mexendo sempre até engrossar. Prove verificando o tempero e sirva a sopa bem quente.

Para os palitinhos, misture bem os ingredientes secos em uma tigela e então adicione o óleo e a água, mexendo bem.

Amasse a massa com as mãos, vire-a em uma superfície lisa, enfarinhada.

Pegue pedaços iguais de massa (equivalente a 2 colheres de sopa de massa). Enrole-os de forma que fiquem compridos e não muito finos.

Coloque gergelim em um prato e passe os palitinhos por ele. Arrume-os em uma assadeira untada e leve ao forno já quente. Asse por 25 minutos em forno médio, ou até começarem a ficar dourados.

Quando os palitinhos esfriarem guarde-os em um pote bem fechado para permanecerem crocantes.

CREME DE ABÓBORA

- 4 copos de abóbora japonesa picada (não é necessário descascá-la)
- 4 colheres de sopa de germe de trigo
- 1/2 copo de salsa fresca picadinha
- 3 colheres de sopa de pimentão seco
- 3 colheres de sopa de manjericão fresco
- 1 colher de sopa de araruta ou maisena diluída em 1 copo de leite de coco
- 1 colher de sobremesa de sal
- 4 colheres de sopa de óleo
- 1 colher de sopa de espinafre em pó

Cozinhe os pedaços de abóbora e assim que estiverem macios, bata-os no liquidificador. Passe o creme obtido por uma peneira fina.

Refogue no óleo a salsa, o pimentão seco, o manjericão e o sal. Mexa por 5 minutos e adicione o caldo de abóbora. Assim que levantar fervura coloque a maisena diluída, o espinafre em pó e mexa bem para não formar grumos.

Assim que a sopa estiver cremosa retire-a do fogo e sirva acompanhada de torradinhas frescas.

CREME DE ASPARGOS

- 1 vidro de aspargos em conserva
- 4 batatas
- 1 vidro de leite de coco
- 1/2 copo de temperos verdes frescos picadinhos
- 1 colher de sopa de manjerona seca
- 2 colheres sopa de óleo
- 1 colher de sobremesa rasa de sal

Croûton para acompanhar:

- 1 xícara de farinha de trigo
- 1/2 colher de chá de sal
- 1 colher de chá de endro
- 1 colher de sobremesa de fermento químico em pó
- 4 colheres de sopa de óleo
- 6 colheres de sopa de água

Cozinhe as batatas em água e sal e assim que estiverem macias, bata-as no liquidificador com a água do cozimento e a água dos aspargos.

Refogue os temperos verdes no óleo e coloque os aspargos cortados em pedaços grandes. Adicione o sal e em seguida o creme de batatas.

Mexa a sopa delicadamente e mantenha o fogo baixo por 15 minutos.

Prove o tempero da sopa, corrigindo-o se necessário, adicione o leite de coco e sirva-a quente.

Para os *croûtons,* misture bem os ingredientes secos em uma tigela e então adicione o óleo e a água, mexendo bem.

Amasse a massa com as mãos, vire-a em uma superfície lisa, enfarinhada.

Abra a massa com um rolo de madeira de modo que fique bem fina.

Corte a massa em formatos iguais. Para isso você pode utilizar formas de biscoitos diferentes, uma régua e um cortador de pizza, ou uma faca bem afiada.

Arrume os pedaços cortados em uma assadeira untada e leve ao forno já quente por 20 minutos, ou até começarem a dourar.

Quando os *croûtons* esfriarem guarde-os em um pote bem fechado para permanecerem crocantes.

CREME DE BATATA

- 6 batatas-inglesas descascadas
- 1 copo de salsa fresca picada
- 1 copo de coentro fresco picado
- 1 colher de sobremesa de folhas de manjerona fresca
- 1/2 copo de azeitona chilena em fatias
- 1 colher de sobremesa de azeite de dendê
- 1 copo de leite de soja
- 1/2 copo de leite de coco
- 1 colher de sobremesa de sal
- 1 pitada de pimenta calabresa moída

Croûtons para acompanhar:

- 3 fatias de pão de fôrma cortadas em cubinhos
- 3 colheres de sopa de azeite de oliva
- 4 colheres de sopa de azeitonas bem picadinhas
- 1 pitada de sal

Cozinhe as batatas em água e sal. Assim que estiverem macias, bata-as com o leite de soja e o leite de coco. Se estiver muito grossa, use um pouco da água do cozimento para diluir. Passe o creme por uma peneira.

No azeite, refogue rapidamente o coentro, a manjerona fresca, as azeitonas e o sal. Coloque o creme de batatas e mexa bem. Prove, corrija o tempero se necessário e sirva bem quente, salpicada com a pimenta.

Para os *croûtons* esquente o azeite de oliva em uma frigideira larga e frite as azeitonas com sal por 7 minutos aproximadamente.

Coloque os cubos de pão, deixe o fogo baixo e mexa de vez em quando para dourar por igual.

Assim que os *croûtons* estiverem torradinhos arrume-os em um cestinho e sirva acompanhando a sopa quente.

CREME DE BETERRABA

- 4 beterrabas
- 3 batatas
- 1 copo de grão-de-bico
- 1 colher de sobremesa de sal
- 4 colheres de sopa de óleo
- 1/2 copo de temperos verdes frescos
- 1 colher de sopa de molho de mostarda
- 4 colheres de sopa de *shoyo*
- 1/2 colher de sobremesa de orégano
- 1 vidrinho de leite de coco
- pimenta-do-reino a gosto

Para acompanhar:

- fatias de pão de fôrma cortadas ao meio
- 1/2 copo de *tofu* em quadradinhos
- 5 colheres de sopa de salsa fresca picada
- 3 colheres de sopa de azeitona chilena picadinha
- 1 colher de sopa de alcaparras picadinhas
- 1 tomate sem pele e sem sementes, picadinho
- 1 colher de sopa de folhas de hortelã picadinhas
- 1 colher de chá de *zattar*
- 3 colheres de sopa de azeite de oliva
- 2 colheres de chá de sal

Coloque o grão-de-bico com as batatas e as beterrabas inteiras (reserve a menor) em uma panela de pressão, cubra-os com água e leve ao fogo.

Mantenha a pressão por 40 minutos, em fogo baixo. Bata os legumes cozidos no liquidificador com a beterraba crua reservada e passe-os por uma peneira.

Refogue no óleo os temperos com a mostarda, adicione o *shoyo* e o caldo peneirado.

Deixe ferver por 5 minutos e adicione o leite de coco e a pimenta.

Mexa a sopa delicadamente e sirva-a quente.

Arrume os retângulos de pão em uma assadeira e deixe em forno médio por 10 minutos de forma a não deixar que fiquem muito duros.

Amasse o *tofu* e misture os demais ingredientes de forma que fiquem bem homogêneos.

Coloque uma colher de sopa da pasta de *tofu* sobre cada fatia de pão e sirva-as acompanhando a sopa quente.

CREME DE BRÓCOLIS

- 2 maços de brócolis
- 1 copo de mandioca descascada e cortada em quadradinhos
- 1 copo de batatas descascadas e cortadas em quadradinhos
- 4 copos de água quente
- 1 colher de sobremesa de maisena diluída em 1 copo de água
- 2 colheres de sopa de aveia em flocos
- 1 copo de temperos verdes frescos
- 1 colher de sobremesa de sal
- 4 colheres de sopa de azeite de oliva
- 1 colher de chá de gengibre em pó

Croûtons para acompanhar:

- 3 fatias de pão de fôrma cortadas em 4 pedaços iguais
- 5 colheres de sopa de azeite de oliva
- 1 colher de sobremesa de pimenta-do-reino verde amassada com garfo
- 1 colher de café de sal
- 6 colheres de sopa de pimentão amarelo bem picadinho

Frite ligeiramente os temperos verdes no azeite de oliva, adicione o sal, o gengibre e a aveia. Mexa por 5 minutos em fogo alto e então coloque o brócolis, a batata e a mandioca. Mexa bem e após mais 5 minutos adicione a água quente.

Deixe a panela semitampada e quando os legumes estiverem macios, bata tudo no liquidificador.

Passe a sopa por uma peneira e leve-a ao fogo, engrossando-a com a maisena diluída.

Mexa até encorpar, prove o tempero e sirva.

Frite no azeite de oliva a pimenta-do-reino verde com o pimentão bem picadinho. Tempere com sal.

Espalhe sobre os quadradinhos de pão e leve-os ao forno quente por 15 minutos, ou até estarem dourados.

Sirva os *croûtons* acompanhando a sopa bem quente.

CREME DE COUVE-FLOR

- 1 couve-flor cortada em raminhos e deixados de molho em água e vinagre
- 1 copo de cenoura cortada em quadradinhos
- 1 copo de salsa fresca picadinha
- 1/2 copo de pimentão vermelho cortado em quadrados iguais
- 1 copo de leite de soja
- 1 copo de água
- 1 copo de leite de coco
- 2 colheres de sopa de maisena diluída em 1 copo de água
- 1 1/2 colher de sobremesa de sal
- 3 colheres de sopa de azeite de oliva ou óleo

Para acompanhar:

- quadrados de pão
- berinjela cortada em quadrados do tamanho dos pães
- 4 colheres de sopa de azeite de oliva ou óleo
- 4 colheres de sopa de limão ou vinagre
- 1 colher de chá de sal
- 1 colher de chá de manjerona seca
- quadradinhos de melão

Coloque o azeite em uma panela e refogue a salsa, o pimentão, a cenoura, e os raminhos da couve-flor e tampe deixando em fogo médio por 5 minutos. Adicione o leite de soja e o leite de coco e deixe a sopa cozinhar até a cenoura e a couve-flor estarem bem macias.

Bata tudo no liquidificador, deixando alguns raminhos da couve-flor e pedaços de cenoura, inteiros, reservados. Passe a sopa por uma peneira e leve-a ao fogo até ferver, colocando aos poucos a maisena diluída e mexendo sem parar, até engrossar.

Em separado leve os quadrados de pão para grelharem em chapa quente e retire-os quando estiverem começando a dourar.

Misture o azeite com o limão, a manjerona e o sal e pincele pelos quadrados de berinjela. Leve ao *grill* para que dourem dos dois lados. Espalhe mais molho se achar necessário. Retire-as quando estiverem bem grelhadas.

Com o auxílio de um palitinho prenda um pedaço de berinjela e um de melão sobre cada quadrado de pão. Sirva-os acompanhando a sopa.

CREME DE ERVILHA

- 1 copo de ervilhas secas
- 1 copo de cenoura crua ralada
- 2 copos de repolho cortado em tirinhas
- 1 pimentão grande em tiras
- 1/2 copo de temperos verdes frescos picados
- 4 colheres de sopa de óleo ou azeite de oliva
- 1 colher de sobremesa de sal
- 3 colheres de sopa de *shoyo*
- 4 copos de água quente

Para acompanhar:

- fatias de pão integral cortadas em retângulos iguais
- 1/2 copo de tomates secos temperados
- 1 copo de *tofu*
- 2 colheres de sopa de azeite de oliva
- raminhos de salsa fresca
- sementes de papoula

Lave a ervilha em água corrente.

Esquente o óleo em uma panela, refogue os temperos verdes com o pimentão. Acrescente a cenoura, o repolho e mexa até começarem a ficar macios.

Coloque a ervilha lavada, adicione o *shoyo* e a água quente. Deixe a panela semitampada, em fogo baixo, por 40 minutos, ou até a ervilha estar bem cozida.

Bata tudo no liquidificador, em seguida passe por uma peneira e volte à panela apenas para aquecê-la. Prove o tempero e corrija-o, se necessário. Sirva imediatamente.

Para o acompanhamento, coloque os retângulos de pão integral em uma assadeira, borrife um pouco de água filtrada e leve ao forno médio até estarem douradas.

Bata os tomates secos no liquidificador juntamente com o *tofu*.

Arrume as torradinhas integrais em um prato grande. Espalhe a pasta sobre cada uma e enfeite-as com um raminho de salsa e sementes de papoula. Sirva-as acompanhando a sopa.

CREME DE ERVILHA E ABÓBORA

- 2 copos de ervilhas secas
- 1/2 abóbora japonesa
- 1 pimentão vermelho
- 1 tomate maduro
- 3 colheres de sopa de salsa desidratada
- 1 colher de sobremesa de mostarda em pó
- 2 colheres de sopa de azeite de oliva
- 1 colher de sobremesa de *missô*
- 1 colher de sobremesa de sal

Cozinhe as ervilhas e a abóbora em uma panela grande, semitampada e com bastante água, por 40 minutos ou até as ervilhas estarem bem macias.

Bata as ervilhas e a abóbora no liquidificador com a água que as cozinhou com o suficiente para formar um creme. Passe este creme obtido por uma peneira.

Refogue no azeite, o pimentão, o tomate, a salsa, a mostarda e o sal. Após 10 minutos adicione o creme batido. Deixe a sopa ferver por mais 5 minutos, acrescente o *missô* e sirva-a ainda quente.

CREME DE GRÃO-DE-BICO E CENOURA

- 1 copo de grão-de-bico
- 3 cenouras grandes
- 2 colheres de sopa de flocos de milho pré-cozido
- 2 colheres de sopa de coentro fresco picado
- 1 colher de sobremesa de gengibre em pó (ou fresco)
- 1 colher de sopa de salsa fresca picada
- 1 colher de sobremesa mal cheia de sal
- 2 colheres de sopa de óleo ou azeite de oliva

Cozinhe em panela de pressão o grão-de-bico com as cenouras e os chuchus, por aproximadamente 1 hora e meia.

Bata tudo no liquidificador. Refogue os temperos no azeite de oliva e em seguida coloque a sopa batida e peneirada.

Assim que começar a ferver coloque os flocos de milho e mexa por mais 10 minutos. Prove e corrija o tempero caso seja necessário e sirva a sopa bem quente com pão frito em pedaços, em azeite de oliva, com um pouco de orégano e sal.

CREME DE INHAME

- 4 inhames cozidos
- 2 tomates pelados e sem sementes
- 1/2 copo de temperos verdes picadinhos
- 1 colher de chá de alecrim seco
- 2 colheres de sopa de farinha de trigo
- 3 copos de água fervendo
- 1 colher de sobremesa rasa de sal
- óleo

Aqueça o óleo e dê uma ligeira fritada no alecrim. Adicione a farinha de trigo e o sal, e mexa até começar a dourar. Adicione 1 copo de água fervendo e mexa até engrossar. Bata no liquidificador caso embole, e volte à panela.

Bata o inhame cozido com o restante da água fervendo e junte à panela, juntamente com os temperos verdes. Mantenha a panela em fogo médio, semitampada, por 35 minutos.

Prove e corrija o tempero, se necessário, e sirva-a em seguida.

CREME DE LEGUMES

- 1 copo de mandioca picada
- 1 copo de batata-doce picada
- 1 copo de cenoura picada
- 1 copo de beterraba picada
- 2 folhas de couve
- raminhos de couve-flor
- 5 colheres de sopa de leite de coco
- 1 colher de sobremesa de sal
- 1 colher de chá de tomilho seco
- 1 pitada de pimenta calabresa
- 1 copo de temperos verdes frescos
- 1 copo de pimentão picadinho
- 3 colheres de sobremesa de *shoyo*
- 5 colheres de sopa de azeite de oliva

Coloque todos os legumes numa panela de pressão, cubra-os com água e mantenha a pressão por 40 minutos em fogo baixo.

Bata os legumes no liquidificador e passe o creme de legumes por uma peneira. Refogue no azeite de oliva os temperos e o sal. Passados 5 minutos coloque o creme de legumes, o leite de coco e o *shoyo*. Deixe o fogo baixo por 15 minutos.

CREME DE LEGUMES COM COUVE-DE-BRUXELAS

- 2 carás
- 1 cenoura
- 1 chuchu
- 3 folhas de couve
- 3 copos de couve-de-bruxelas fresca
- 2 colheres de sopa de farinha de aveia
- 1 colher de sobremesa de sal
- 1 vidrinho de leite de coco
- 1 copo de temperos verdes frescos picados
- 1 colher de sobremesa de manjericão seco
- 2 colheres de sopa de *shoyo*

Para acompanhar:

- fatias de pão sueco
- 1/2 copo de tomate sem sementes picadinho
- 1/2 copo de fundo de alcachofra picadinho
- 1 colher de sopa de vinagre
- 3 colheres de sopa de azeite de oliva
- 3 colheres de sopa de salsa fresca picadinha
- 1 colher de chá de sal

Coloque o cará, a cenoura, o chuchu e as folhas de couve em uma panela de pressão, cubra-os com água e leve ao fogo.

Após começar a pressão, abaixe o fogo e deixe por 25 minutos. Bata os legumes no liquidificador e passe o caldo obtido por uma peneira fina.

Coloque em uma panela o óleo e refogue os temperos verdes, o manjericão, o sal e as couves-de-bruxelas.

Tampe a panela e espere que estejam macias para então colocar o caldo de legumes, o leite de coco. Mexa bem, coloque o *shoyo* e retire do fogo.

Separadamente misture o tomate com o fundo de alcachofra, o vinagre, azeite de oliva, coentro e sal.

Recheie as fatias de pão sueco e sirva acompanhando a sopa.

CREME DELICADO DE MANDIOQUINHA

- 5 mandioquinhas bem lavadas e cortadas em rodelas grandes
- 3 tomates maduros cortados em pedaços grandes
- 1/2 copo de coentro fresco picadinho
- 1/2 copo de salsa fresca picadinha
- 1 colher de chá de alecrim seco
- 1 pitada de pimenta calabresa
- 1 colher de sopa de maisena diluída em 1 copo de água
- 4 colheres de sopa de leite de coco
- 4 colheres de sopa de óleo
- água quente

Bolinhos para acompanhar:

- 1/2 copo de água
- 3 colheres de sopa de farinha de trigo
- 3 colheres de sopa de farinha de milho
- 1 colher de café de *chilli*
- 1 pitada de pimenta-malagueta
- 1 pitada de sal
- 1 colher de sobremesa rasa de fermento químico
- óleo para fritar

Coloque o óleo em uma panela e refogue por 5 minutos os temperos. Acrescente os pedaços de mandioquinha e os pedaços de tomate. Mexa bem e deixe por mais 5 minutos.

Adicione a água quente e tampe a panela. Mantenha o fogo alto. Quando as mandioquinhas estiverem macias, bata tudo no liquidificador e passe por uma peneira.

Volte à panela e adicione a maisena e o leite de coco.

Mexa sem parar para não se formarem grumos. Prove e corrija o tempero se necessário.

Em separado misture os ingredientes dos bolinhos em uma tigela, mexendo bem para que fique uma massa homogênea.

Aqueça o óleo em uma frigideira. Mergulhe colheradas de massa. Vire os bolinhos com o auxílio de uma escumadeira para que dourem dos dois lados. Retire-os e escorra-os em papel absorvente.

Sirva os bolinhos quentinhos acompanhando a sopa.

CREME DE MANDIOQUINHA

- 5 mandioquinhas bem lavadas e cortadas em rodelinhas
- 3 tomates grandes e maduros
- 5 colheres de sopa de molho de tomate temperado
- 1/2 copo de coentro fresco picadinho
- 1/2 copo de salsa fresca picadinha
- 1 colher de chá de alecrim seco
- 1 pitada de pimenta calabresa
- 4 colheres de sopa de leite de coco
- 4 colheres de sopa de óleo

Coloque o óleo em uma panela e frite todos os temperos. Após 10 minutos adicione as mandioquinhas, e refogue por mais 5 minutos. Adicione o molho de tomate e cubra com água quente.

Mantenha o fogo alto até as mandioquinhas estarem bem macias. Bata toda a sopa no liquidificador e peneire.

Adicione o leite de coco e assim que levantar fervura apague e sirva.

CREME DE MILHO

- 8 espigas de milho
- 3 copos de água filtrada
- 1 tomate maduro, sem pele e sem sementes, picado
- 3 colheres de sopa de óleo de milho ou azeite de oliva
- 1 colher de chá de tomilho seco
- 1 colher de sobremesa rasa de sal
- pimenta-do-reino a gosto

Para acompanhar:

- fatias de pão de fôrma cortadas em 4 partes iguais
- *missô* diluído em água filtrada
- tomates secos temperados
- *champignons* cozidos
- sementes de mostarda
- azeite de oliva a gosto.

Rale as espigas de milho e deixe os sabugos de molho em água filtrada.

Passe a massa retirada do milho por uma peneira e em seguida a água em que os sabugos ficaram de molho.

Refogue no óleo o tomate picado e tempere-o com tomilho e sal. Vire o caldo do milho e mexa sem parar até ficar cremoso.

Sirva a sopa quente, com pimenta-do-reino a gosto.

Arrume os quadrados de pão em uma assadeira.

Sobre cada um passe um pouquinho de *missô* diluído, coloque 1 tomate seco temperado, 1 *champignon* e prenda-os com um palitinho. Espalhe sobre eles sementes de mostarda, sal e azeite de oliva a gosto.

Leve ao forno preaquecido e mantenha a temperatura média por 20 minutos, ou até estarem levemente dourados e crocantes.

Sirva-os quentinhos, juntamente com o creme de milho também quente.

CREME FINO DE FEIJÃO

- 2 copos de feijão cozido e temperado
- água a temperatura ambiente para bater o feijão
- 1 copo de *shiimejis* frescos
- 1/2 copo de temperos verdes frescos picadinhos
- 1 copo de pimentão vermelho picado
- 1 colher de sobremesa de sal
- 3 colheres de sopa de óleo

Para acompanhar:

- 3 fatias de pão de fôrma cortado em palitinhos iguais
- 3 colheres de sopa de óleo de milho ou azeite de oliva
- 1 colher de café de páprica picante
- 1 colher de sopa de hortelã fresca picadinha
- raspas de lima
- sal a gosto

Bata o feijão cozido no liquidificador e depois passe por uma peneira fina.

Frite os *shiimejis*, no óleo e por cima coloque os temperos, o pimentão e o sal. Mexa com colher de pau, mantenha o fogo alto e não tampe a panela até os *shiimejis* estarem macios.

Adicione o caldo de feijão e deixe ferver por 10 minutos. Prove, corrija o tempero se necessário, e sirva a sopa quente.

Em uma frigideira grande coloque o óleo e a páprica e leve ao fogo alto.

Disponha as tiras de pão, e salpique sobre elas a páprica picante, o sal e a hortelã.

Abaixe o fogo e vire com garfo de madeira, de modo a dourar dos dois lados das tiras.

Arrume as tirinhas torradas em um cestinho e sirva-as acompanhando a sopa.

CREME GRATINADO

- 2 copos de grão-de-bico cru
- 4 folhas de couve manteiga
- 2 cenouras
- 2 chuchus descascados
- 1 colher de chá de raiz-forte em pó
- 1 colher de chá de açafrão em pó
- 1 colher de sobremesa rasa de sal
- 1 colher de sopa de germe de trigo
- 1 copo de temperos verdes frescos picadinhos
- 2 colheres de sopa de óleo
- 1 colher de sobremesa de azeite de dendê
- farinha de rosca

Para acompanhar:

- fatias finas de pão de fôrma cortadas em 4 pedaços iguais
- 1/2 copo de *tofu* picado
- 4 colheres de sopa de salsa fresca picada
- 3 colheres de sopa de *tahine*
- 5 colheres de sopa de água filtrada
- 1/2 tomate pelado e sem sementes
- 2 colheres de sopa de azeite de oliva
- 1 colher de chá de sal

Coloque em uma panela de pressão, o grão-de-bico, as couves, as cenouras e os chuchus. Cubra-os com água e leve a panela ao fogo. Mantenha-a, após o início da pressão, em fogo médio por 40 minutos.

Retire do fogo e bata tudo no liquidificador. Passe por uma peneira e reserve.

Coloque o óleo e o azeite em uma panela e refogue, por 7 minutos, os temperos e o germe de trigo.

Adicione o caldo peneirado, o sal e mexa por mais 7 minutos. Prove e corrija o tempero, se necessário.

Coloque a sopa em potes refratários individuais, polvilhe 1 colher de sopa de farinha de rosca sobre cada um e leve ao forno alto para dourar a superfície.

Para acompanhar leve os quadrados de pão ao forno quente. Assim que começarem a dourar retire do forno.

Bata os demais ingredientes no liquidificador até tornar-se um patê. Coloque uma colher de patê sobre cada quadrado de torrada.

Sirva as torradinhas com a sopa ainda borbulhante.

CREME LEVE DE CENOURA

- 3 copos de cenoura picada
- 1 copo de batata descascada e picada
- 1 colher de sobremesa de maisena diluída em 1 copo de água ou leite de soja, ou leite de coco
- 1/2 copo de salsa fresca picada
- 1 copo de *champignon* em fatias
- 1/2 copo de pimentão amarelo bem picado
- 1/2 copo de pimentão verde bem picado
- 1 tomate grande maduro picado
- 1 colher de sobremesa de sal
- 4 colheres de sopa de óleo ou azeite de oliva

Cozinhe os pedaços de cenoura com os de batata. Bata-os no liquidificador e passe o caldo obtido por uma peneira fina.

Coloque o óleo, ou azeite, numa panela e frite os *champignons* por 6 minutos. Adicione o sal, a salsa, os pimentões e o tomate.

Mexa bem com colher de pau e após 10 minutos acrescente o caldo peneirado.

Assim que levantar fervura engrosse com a maisena, mexendo sempre para não formar grumos.

CREME REAL COM PALMITO

- 3 cenouras picadas
- 2 copos de abóbora japonesa picada
- 1 batata grande picada
- 2 aipos picados
- água quente
- 1 copo de grão-de-bico cozido
- 2 colheres de sopa de azeite de oliva
- 1 vidro de palmito picado
- 1 colher de sopa de aneto picado
- 1 pitada de pimenta-malagueta
- 1/2 copo de temperos verdes picados
- 1 colher de sobremesa rasa de sal

Para acompanhar:

- 2 fatias de pão de fôrma, sem a casca e cortadas em 4 partes iguais
- rodelas de tomate (uma para cada quadradinho de pão)
- fatias pequenas e finas de *tofu*
- 1 pitada de manjericão seco
- 1 pitada de sementes de papoula
- 1 pitada de sal
- azeite de oliva

Coloque a cenoura, a abóbora, a batata e o aipo para assar em forno já quente, por 35 minutos.

Leve ao fogo o azeite de oliva, adicione o palmito, os temperos, o grão-de-bico e mantenha o fogo alto por 10 minutos, mexendo sempre com colher de pau. Adicione os legumes assados, metade da quantidade de palmito e mexa por mais 5 minutos.

Cubra os legumes com água quente, abaixe o fogo e mantenha a panela semitampada por 30 minutos.

Passe a sopa por uma peneira e reaqueça rapidamente acrescentando o palmito restante.

Unte com azeite um pirex ou assadeira. Disponha os quadrados de pão.

Sobre cada fatia coloque uma rodelinha de tomate, uma fatia de *tofu*, uma pitada de sal, e um pouquinho de manjericão. Regue todas com azeite de oliva e asse por 10 minutos em forno alto, sem cobrir.

Sirva as torradinhas ainda quentes, junto com o creme também quente.

CREME SUCESSO DE MANDIOCA

- 2 raízes grandes de mandioca
- água quente
- 1 copo de *pleurotus* cru
- 1 copo de leite de soja
- 1/2 copo de temperos verdes picados
- 3 colheres de sopa de óleo de milho ou azeite de oliva
- 1 colher de chá de mostarda em pó
- 1 pitada de sal

Descasque as mandiocas, corte-as em pedaços e cozinhe-as em fogo alto, em uma panela grande, com bastante água. Assim que estiverem macias retire o "cordão" do centro e bata-as no liquidificador, com a própria água do cozimento.

Frite os *pleurotus* no óleo até que comecem a dourar. Adicione a mostarda, o sal e os temperos verdes. Mantenha o fogo alto e passados 10 minutos adicione o caldo batido de mandioca e o leite de soja.

Deixe a sopa ferver por 25 minutos e sirva-a.

MINESTRONE

- 1/2 copo de feijão-branco deixados de molho por uma noite em água filtrada
- 1/2 copo de broto de bambu picadinho
- 1 copo de pimentão vermelho picado
- 1 copo de pimentão amarelo picado
- 1 copo de coentro fresco picado
- 1 copo de salsa fresca picada
- 2 copos de talos de aipo picadinhos
- 3 tomates sem pele e picados
- 2 colheres de sopa de extrato de tomate
- 1 cenoura picada
- 2 copos de *shiitakes* secos bem lavados e deixados de molho em 2 copos de água, por 30 minutos
- 3 colheres de sopa de óleo ou azeite de oliva
- 1 colher de sobremesa de óleo de gergelim
- 1 colher de sobremesa rasa de araruta diluída em 1 copo de água fria
- 1/2 copo de macarrão em formato de conchinha
- 1 colher de sobremesa de sal

Croûtons:

- 5 fatias de pão de fôrma cortadas em quadradinhos pequenos
- óleo de milho ou azeite de oliva
- páprica doce a gosto
- sal a gosto

Cozinhe os feijões com água e sal, em fogo alto. Assim que estiverem macios, cerca de 20 minutos, escorra a água e reserve-os.

Coloque o óleo, ou azeite, e o óleo de gergelim em uma panela larga. Adicione os pimentões, o coentro, a salsa, o sal, o aipo e deixe em fogo alto por 10 minutos.

Acrescente os *shiitakes* escorrido (reserve a água), a cenoura, o broto de bambu e mexa por mais 5 minutos, sempre com colher de pau. Adicione o extrato de tomate, a água que os *shiitakes* ficaram de molho, e mexa por mais 5 minutos.

Coloque os feijões, os tomates picados e o macarrão e mantenha o fogo alto até o macarrão estar macio. Adicione ao *minestrone* a araruta diluída e mexa até engrossar.

Para os *croûtons*, espalhe os quadradinhos de pão em uma assadeira. Pincele óleo ou azeite de oliva por cima deles. Salpique sal e páprica em todos os quadradinhos. Leve ao forno já aquecido e mantenha a temperatura média.

Após uns 10 minutos mexa-os com colher ou garfo de madeira. Assim que estiverem dourados retire do forno e arrume-os em um cestinho.

Sirva os *croûtons* com o *minestrone* quente.

SOPA COM ARROZ INTEGRAL

- 1 copo de arroz integral cru
- 5 folhas de couve cortadas bem fininho
- 1 cenoura
- 1 pedaço de abóbora
- 1 pedaço de nabo
- 1 copo de *tofu* cortado em quadradinhos
- 1/2 colher de sobremesa de sal
- 1/2 copo de temperos verdes picadinhos
- 3 colheres de sopa de óleo de milho
- 1 colher de sobremesa de *missô* diluído

Para acompanhar:

- quadradinhos finos (ou rodelinhas finas) de pão
- 1/2 copo de *tofu* picadinho
- 2 colheres de sopa de cenoura ralada bem fininha
- 3 colheres de sopa de aipo bem picadinho
- 4 colheres de azeitonas cortadas em pedacinhos
- 1 colher de sobremesa de alcaparras
- 1 colher de sopa de maionese sem ovos
- 1 colher de chá de *missô*
- 1 colher de chá de sal
- 4 colheres de sopa de salsa

Em uma panela esquente o óleo e refogue os temperos verdes. Adicione o arroz, os legumes, o sal e cubra com água.

Mantenha o fogo alto e a panela semitampada.

Assim que os legumes estiverem macios, retire-os da panela e amasse-os ligeiramente com garfo. Devolva-os à panela, adicione o *tofu* em cubinhos.

Prove e corrija o tempero da sopa, se necessário, e sirva-a quentinha.

Leve os quadradinhos de pão ao forno até começarem a dourar.

Amasse o *tofu* com um garfo e misture os demais ingredientes, até obter um patê com boa consistência.

Arrume as torradinhas em uma travessa e coloque um pouquinho de patê sobre cada uma.

Sirva as torradinhas acompanhando a sopa.

SOPA COM ESCAROLA

- 2 maços de escarola lavada e cortada em tirinhas finas
- 3 copos de moranga ralada
- 1 copo de batata ralada
- 3 copos de *tofu* cortado em quadradinhos
- 2 copos de tomate sem pele e sementes, picadinhos
- 3 copos de água quente
- 1/2 copo de temperos verdes frescos picadinhos
- 1 colher de chá de sálvia picadinha
- 1 colher de chá de manjerona
- 2 colheres de chá de gengibre ralado
- 2 colheres de sopa de óleo de milho ou azeite de oliva
- 1 colher de sobremesa rasa de sal

Para acompanhar:

- 4 minipães sírios
- 1 berinjela média
- 1 tomate
- 3 colheres de sopa de *tahine* diluído em água
- 4 colheres de sopa de temperos verdes picados
- 1 colher de chá de *zattar*
- 1/2 colher de sobremesa rasa de sal
- 4 colheres de sopa de azeite de oliva

Coloque o óleo em uma panela larga e frite o *tofu* com o alecrim até dourar.

Adicione os legumes ralados e a escarola picadinha. Mantenha o fogo alto e mexa com colher de pau.

Junte os temperos e o sal e deixe por mais 15 minutos. Coloque então o tomate picado e cubra com água quente.

Mantenha o fogo alto por 20 minutos e então sirva a sopa quentinha.

Asse a berinjela inteira até escurecer. Retire-lhe a casca e pique-a bem miúdo. Coloque em uma tigela e misture o tomate picado e os temperos.

Abra os pães sírios ao meio e leve-os ao forno quente por 10 minutos. Recheie-os com a berinjela e sirva acompanhando a sopa.

SOPA COM *FUNGHI*

- 1 copo de cogumelos secos, lavados um a um até sair toda areia e deixados de molho por 30 minutos
- 1/2 copo de talo de aipo picado
- 1/2 copo de cenoura cortada em palitos
- 1/2 copo de batata-inglesa cortada em palitos
- 1/2 copo de temperos verdes frescos picados
- 1/2 copo de pimentão verde picado em palitos
- 1/2 copo de pimentão vermelho picado em palitos
- 4 colheres de sopa de *shoyo*
- 1/2 colher de sobremesa de sal
- 4 colheres de sopa de óleo ou azeite de oliva
- 1 colher de chá de raiz-forte em pó
- 1/4 de um pacote de macarrão tipo espaguete
- 1 colher de sobremesa de maisena ou araruta diluída em 1 copo de água fria

Para acompanhar:

- 4 fatias de pão sem casca e cortadas em quadradinhos bem pequenos
- 5 colheres de sopa de óleo
- 1 colher de chá de manjericão
- 1 colher de chá de páprica doce
- sal

Refogue os temperos verdes no óleo e junte os pimentões e o aipo.

Após 5 minutos adicione os cogumelos, a cenoura e a batata.

Mexa, por mais 6 minutos, e então coloque a água em que os cogumelos estiveram de molho e o *shoyo*. Ferva a sopa em fogo baixo, por 30 minutos.

Quando a cenoura e a batata estiverem quase cozidas, adicione o macarrão, e quando ele estiver no ponto adicione a maisena diluída e mexa por 3 minutos.

Coloque o óleo em uma frigideira larga e assim que estiver quente disponha os quadradinhos de pão. Tempere-os com sal, manjericão e páprica e mexa com colher de pau para que dourem por igual.

Assim que estiverem torradinhos arrume-os em uma cestinho e sirva-os acompanhando a sopa quente.

SOPA COM PROTEÍNA DE SOJA

- 1 copo de mandioquinha em fatias redondas e finas
- 1 copo de batata em fatias redondas e finas (use cortador elétrico ou manual)
- 1/2 copo de nabo em fatias redondas e finas (use cortador elétrico ou manual)
- 1 copo de abóbora japonesa ralada em fatias redondas e finas (use cortador elétrico ou manual)
- 1 copo de ervilhas frescas
- 1 colher de chá de páprica picante
- 1 colher de chá de cominho
- 1 copo de proteína de soja em quadrados grandes, deixados de molho por 20 minutos em água filtrada
- 1 colher de sopa de manjericão roxo fresco
- 1/2 copo de temperos verdes picados
- 3 colheres de sopa de óleo de milho
- 1 colher de sobremesa rasa de sal
- água quente

Para acompanhar:

- 1 prato de rodelas finas de pão
- 4 colheres de sopa de azeite de oliva
- 1 colher de sopa de *missô* diluído
- 2 colheres de sopa de *tahine* diluído

Escorra muito bem a água dos quadrados de soja e corte-os em pequenos pedaços. Coloque o óleo de milho em uma panela larga e frite a proteína até começar a dourar. Adicione sal e os temperos, mexa sempre com colher de pau e mantenha o fogo alto.

Coloque os legumes ralados, as ervilhas e mexa por mais 15 minutos. Adicione então água quente até cobrir os legumes.

Mantenha o fogo baixo e a panela semitampada por 40 minutos, mexendo a cada 10 minutos.

Disponha as rodelas de pão em uma assadeira.

Misture em um potinho o *missô* com o *tahine* e o azeite de oliva.

Leve a assadeira ao forno preaquecido. Mantenha a temperatura média e retire as torradinhas quando começarem a dourar, cerca de 20 minutos aproximadamente. Espalhe sobre cada uma o creme de *tahine*.

Sirva a sopa bem quente, acompanhada pelas torradinhas frescas.

SOPA-CREME DE CARÁ

- 3 carás médios descascados e cortados em quadrados
- 4 copos de água quente
- 1 copo de leite de soja
- 1/2 copo de leite de coco
- 1/2 copo de coentro fresco picado
- 1 tomate grande e maduro, sem as sementes e picado
- 1 colher de sobremesa de sal
- 1 colher de açafrão em pó
- 3 colheres de sopa de óleo
- pimenta-do-reino moída

Para acompanhar:

- quadrados de pão de fôrma
- pepinos japonês cortados em rodelinhas finas
- azeitonas recheadas
- pimenta-do-reino moída na hora
- sal a gosto
- azeite de oliva

Em uma panela coloque o óleo e refogue o tomate com o coentro, o sal e o açafrão.

Adicione a água, o leite, o leite de coco e o cará picado.

Mantenha o fogo médio até o cará estar bem macio. Prove e corrija o tempero, se necessário.

Bata a sopa no liquidificador e passe-a por uma peneira. Volte-a ao fogo por mais 20 minutos e sirva bem quente, salpicada com pimenta-do-reino moída na hora.

Paralelamente, esquente os quadrados de pão no forno.

Retire-os e arrume sobre cada um, uma rodelinha de pepino e uma azeitona recheada, espetando-os com um palitinho.

Tempere tudo com pimenta-do-reino, sal e azeite de oliva e sirva-os acompanhando a sopa.

SOPA CREMOSA COM SALSICHA

- 2 batatas grandes
- 2 cenouras grandes
- 1 copo de grão-de-bico cru
- 4 salsichas vegetais cortadas em quadradinho
- 1 copo de molho de tomate tipo *Pepperoni*
- 2 pimentões amarelos cortados em tiras finas
- 1 colher de chá de sementes de cardamomo
- 1 pitada de pimenta calabresa
- 1 colher de sobremesa de sal
- 4 colheres de sopa de óleo

Para acompanhar:

- rodelinhas finas de pão
- rodelas de tomates do tamanho das do pão
- *ketchup*
- mostarda-de-dijon
- folhinhas frescas de orégano

Coloque em uma panela de pressão as batatas, as cenouras e o grão-de-bico, com água até cobri-los. Leve a panela ao fogo e deixe-a por 35 minutos, em fogo médio.

Retire a pressão da panela com cuidado e bata os legumes no liquidificador até tornarem-se um creme. Passe esse creme por uma peneira e reserve.

Coloque o óleo em uma panela e frite os pimentões, com sal e passados 10 minutos adicione as salsichas picadas, o cardamomo e a pimenta calabresa.

Assim que as salsichas estiverem levemente douradas acrescente o molho de tomate e o creme de legumes. Mexa por mais 7 minutos e coloque em uma sopeira.

Doure levemente as rodelinhas de pão em forno médio.

Misture o molho de mostarda com o *ketchup*.

Disponha sobre cada rodelinha de pão 1 fatia de tomate, 1 colher de chá de molho e 2 folhinhas frescas de orégano e leve à mesa em pratinhos para pão.

SOPA DE LEGUMES E AVEIA

- 1/2 copo batata-doce descascada e picada
- 1/2 copo de cenoura picada
- 1/2 copo de abóbora picada
- 1 maço de vagens sem as pontas e laterais fibrosas
- 3 talos de aipo picadinhos
- 1/2 copo de salsa bem picadinha
- 1 colher de chá de tomilho
- 1 colher de café de alecrim seco
- 2 folhas de louro
- casca inteira de 1 limão
- 2 colheres de sopa de óleo de milho
- 1 colher de sobremesa rasa de sal
- 4 colheres de sopa de aveia em flocos grandes
- 2 colheres de sopa de leite de coco

Para acompanhar:

- quadradinhos de pão
- 1 abobrinha italiana cortada em rodelinhas
- 2 colheres de sopa de vinagre ou limão
- 1 colher de sopa de mostarda-de-dijon
- 1 colher de chá de orégano
- 5 colheres de sopa de azeite de oliva
- 1 pitada de sal

Coloque o óleo em uma panela grande e refogue os temperos por 10 minutos em fogo alto. Adicione as vagens, o aipo e os legumes picadinhos. Mantenha o fogo alto e mexa sempre com colher de pau, por 15 minutos.

Cubra com água quente, adicione a casca de limão e deixe em fogo baixo e a panela semitampada. Após 40 minutos adicione a aveia e o leite de coco. Ferva a sopa por mais 10 minutos e sirva-a.

Coloque as rodelinhas de abobrinha sobre um tabuleiro de grelhar. Misture a mostarda com os temperos e o azeite de oliva e pincele sobre elas. Leve-as para grelhar e ao mesmo tempo grelhe os quadrados de pão. Passe mais molho sobre as abobrinhas conforme for necessitando.

Assim que os pães estiverem dourados retire-os. Arrume as rodelinhas de abobrinha sobre cada quadrado e sirva-os acompanhando a sopa.

SOPA DE BRÓCOLIS

- 2 maços de brócolis
- 2 colheres de sopa de extrato de tomate
- 3 copos de água
- 3 colheres de sopa de ervas finas secas
- 1/2 copo de macarrão em formato de arroz
- 3 tomates sem pele e sementes
- 1 colher de sobremesa rasa de sal
- 3 colheres de sopa de óleo

Corte os brócolis em pedaços pequenos, retirando as partes mais duras.

Esquente o óleo em uma panela e adicione o brócolis. Tempere com sal e os demais temperos. Adicione o extrato de tomate e a água.

Assim que estiver cozido bata no liquidificador a metade da sopa, juntamente com os tomates.

Passe por uma peneira e junte à panela dos brócolis. Assim que levantar fervura adicione o macarrão e espere que fique macio para então servir a sopa.

SOPA DE COGUMELOS SECOS

- 3 copos de cogumelos secos bem lavados e deixados de molho em 2 copos de água filtrada
- 1/2 copo de batata cortada em quadrados pequenos
- 1/2 copo de cenoura cortada em quadrados pequenos
- 1 pimentão vermelho cortado em quadrados
- 1/2 copo de bardana cortada em quadrados pequenos
- 3 copos de folhas de bertalha (ou espinafre)
- 1 colher de chá de noz-moscada
- 1 colher de sopa de maisena diluída em 1 copo de água fria
- 2 colheres de sopa de azeite de óleo de milho
- 1 colher de sopa de óleo de gergelim
- 1 pitada de açucar
- 1/2 colher de sobremesa de sal
- 2 colheres de sopa de *shoyo* ou *missô*

Para acompanhar:

- 3 fatias de pão de fôrma cortadas em palitinhos finos
- 4 colheres de sopa de azeite de oliva
- 1 colher de sobremesa de sementes de endro
- 1 colher de chá de sal

Escorra a água dos cogumelos (reserve-a) e arrume junto com a batata, a cenoura, e a bardana em uma assadeira. Espalhe um pouco de sal e asse-os em forno forte até começarem a dourar.

Em uma panela larga coloque o óleo de milho e o óleo de gergelim e refogue em fogo alto os quadrados de pimentão por 10 minutos.

Adicione a folha de bertalha, os legumes assados, o sal e a noz-moscada. Mexa por 5 minutos e adicione o *shoyo* e a água que os cogumelos ficaram de molho e mais 1 copo de água.

Mantenha a panela semitampada e o fogo alto até começar a ferver. Abaixe o fogo e deixe 30 minutos. Assim que a sopa estiver encorpada adicione a maisena diluída e mexa até engrossar.

Misture o azeite de oliva com o sal e as sementes de endro.

Arrume os palitinhos de pão em uma assadeira e pincele o azeite temperado sobre eles.

Leve ao forno preaquecido e mantenha o forno em temperatura média por 15 minutos aproximadamente, ou até estarem dourados. Sirva-os acompanhando a sopa.

SOPA DE FEIJÃO-AZUQUI COM *SHIIMEJI*

- 2 copos de feijão-azuqui cozido
- 1/2 copo de temperos verdes picados
- 2 folhas de louro
- 3 colheres de sopa de *shoyo*
- 1 pimentão vermelho cortado em tiras finas
- 1 pimentão amarelo cortado em tiras finas
- 1 copo de *shiimeji*
- 4 colheres de sopa de óleo

Coloque o óleo em uma panela larga e frite as tiras de pimentão por 10 minutos em fogo alto. Coloque o *shiimeji* e deixe a panela destampada até que estejam macios. Adicione os temperos e o louro. Mexa com colher de pau por mais 5 minutos.

Bata o feijão no liquidificador com água e *shoyo* e passe por uma peneira.

Junte o caldo do feijão peneirado à panela. Deixe a sopa ferver por 10 minutos e sirva-a em seguida.

SOPA DE FEIJÃO E LEGUMES

- 1/2 copo de batata picadinha
- 1/2 copo de cará descascado e picadinho
- 1/2 copo de cenoura picadinha
- 2 copos de folhas de bertalha
- 1/2 maço de caruru sem os talos e picadinho (ou espinafre)
- 1/2 copo de brotos de trigo
- 4 copos de feijão cozido
- 1/2 copo de pimentão bispo picadinho
- 2 folhas de louro
- 1 colher de chá de sálvia
- 1 colher de sobremesa de gengibre ralado
- 1 colher de sopa de *missô* diluído
- 1/2 colher de sobremesa de sal
- 3 colheres de sopa de óleo de milho

Para acompanhar:

- fatia de pão *ciabatta*
- 1/2 copo de *tofu*
- 5 colheres de sopa de azeitonas pretas picadas
- 1 colher de sopa de alcaparras picadas
- sal a gosto
- 1 colher de chá de pimenta-do-reino verde amassada
- azeite de oliva

Asse em forno forte a batata, o cará e a cenoura até estarem macios.

Em uma panela grande coloque o óleo, o gengibre, a sálvia, o louro e o pimentão.

Mantenha o fogo alto e mexa sempre com colher de pau. Adicione o caruru, as folhas de bertalha, o broto, o sal e o *missô*. Mexa bem, e após 5 minutos junte os legumes assados.

Bata o feijão no liquidificador com água filtrada, passe por uma peneira e junte à panela. Coloque um pouquinho a mais de água, se for preciso, de modo que o caldo de feijão não fique muito espesso.

Mantenha o fogo baixo, a panela semitampada, por 40 minutos. Mexa de vez em quando até a sopa adquirir boa consistência.

Grelhe fatias iguais de pão, de forma que fiquem dourados dos dois lados e misture bem, em uma tigelinha a parte, o *tofu* com os demais ingredientes.

Coloque o *tofu* temperado sobre as fatias grelhadas. Sirva-as acompanhando a sopa de feijão.

SOPA DE LENTILHA

Para o caldo:

- gengibre fresco ralado
- 1/2 copo de temperos verdes frescos picadinhos
- 2 colheres de sopa de azeite de oliva
- 2 pés de aipo
- 3 cenouras
- 1/2 colher de sobremesa de sal
- 4 folhas de louro
- água quente

Para a lentilha:

- 1 copo de lentilhas cruas
- 1/2 maço de espinafre fresco sem os talos e picado bem fininho
- 4 colheres de sopa de temperos verdes
- 2 colheres de sopa de azeite de oliva
- 1 pimentão vermelho cortado em tiras finas
- 1/2 colher de sobremesa de sal
- 1 colher de chá de casca de limão ralada
- 1 colher de café de pimenta-do-reino

Para acompanhar:

- fatias de pão de fôrma sem casca
- 2 colheres de sopa de azeite de oliva
- 1 colher de café de alecrim
- 1 pitada de sal

Leve a cenoura e o aipo ao forno, até estarem assados.

Coloque o azeite de oliva em uma panela, refogue o gengibre, os temperos verdes, as folhas de louro e o sal. Adicione os legumes assados e cubra-os com água quente. Mantenha o fogo alto e a panela destampada por 30 minutos.

Passe por uma peneira e reserve o caldo.

Cozinhe as lentilhas em fogo alto até estarem macias. Escorra a água e deixe a lentilha reservada.

Coloque azeite de oliva em uma panela, adicione o pimentão e deixe em fogo alto por 7 minutos. Coloque a pimenta-do-reino, o sal e as folhas de espinafre picadinhas e deixe mais 4 minutos.

Adicione a lentilha cozida e mantenha em fogo alto por mais 5 minutos. Junte o caldo preparado, a casca de limão e abaixe o fogo. Após 20 minutos adicione o coentro picado e sirva a sopa.

Corte as fatias de pão de fôrma em quadrados pequenos e de tamanhos semelhantes.

Aqueça azeite de oliva, coloque o alecrim, os quadradinhos de pão e o sal. Mantenha o fogo baixo e mexa com um garfo de madeira para que doure por igual. Sirva-os quentinhos junto com a sopa.

SOPA DE MILHO

- 6 espigas de milho verde
- 1 copo de broto de *moyashi*
- 3 salsichas de soja picadas em tamanhos pequenos
- 2 colheres de sopa de salsa fresca picadinha
- 4 colheres de sopa de folhas de manjericão frescas
- 2 folhas de louro
- 2 colheres de sopa de germe de trigo
- 3 colheres de sopa de óleo de milho
- 1 colher de sobremesa rasa de sal

Para acompanhar:

- rodelas de pão não muito finas
- 1/2 copo de pinhões cozidos e descascados
- 6 colheres de manjericão roxo fresco
- 8 colheres de sopa de azeite de oliva
- 1 colher de chá de sal
- pepinos em conserva cortados em rodelas finas
- fatias de *tofu*

Corte com uma faca alguns grãos de milho (aproximadamente 1/2 copo), deixe-os reservados e rale todas as demais espigas. Passe por uma peneira e recolha o caldo (o bagaço que ficar na peneira use para bolinhos).

Coloque o óleo em uma panela e frite as salsichas de soja até começarem a dourar. Adicione os temperos, o broto e o sal, mexa bem com uma colher de pau e mantenha o fogo alto.

Adicione à panela o caldo obtido do milho ralado e também os grãos de milho reservados. Mexa sem parar, em fogo médio até engrossar, adicione o germe de trigo e então apague o fogo.

Grelhe de ambos os lados os pedaços de pão.

Passe por um processador os pinhões com os temperos, o sal e o azeite de oliva.

Arrume as torradas grelhadas em uma travessa e espalhe a pasta sobre elas.

Coloque uma rodela de pepino sobre cada uma e uma fatia fina de *tofu*. Sirva-as acompanhando a sopa de milho bem quente.

SOPA DE MILHO E *SHIITAKE*

- 5 espigas de milho
- 1 copo de *shiitakes* frescos cortados em pedaços
- 1 colher de sobremesa de pimenta-do-reino verde amassada com garfo
- 1/2 copo de feijão-branco cozido em água e sal
- 1/2 copo de macarrão miúdo
- 1 colher de sobremesa de araruta diluída em 1/2 copo de água
- 1/2 colher de sobremesa de sal
- 5 colheres de sopa de óleo ou azeite de oliva
- 1 colher de chá de endro
- pimenta-do-reino moída na hora

Para acompanhar:

- 1/2 pacote de massa folhada
- *shoyo*
- gergelim
- salsa desidratada

Rale as espigas de milho e passe os grãos por uma peneira, reservando o caldo (use o bagaço para fazer bolinhos).

Coloque o óleo em uma panela larga e frite os *shiitakes* até começarem a dourar.

Adicione a pimenta amassada, o endro e o sal e mexa por mais 5 minutos, sempre em fogo alto e com colher de pau.

Junte o creme de milho, os feijões, a araruta e o macarrão.

Mantenha o fogo brando e mexa até engrossar e o macarrão estar macio. Sirva-a com um pouco de pimenta-do-reino moída por cima.

Descongele a massa folhada, corte-a ao meio e abra-a com rolo de madeira, deixando-a bem fina.

Corte em palitinhos finos e disponha-os em uma assadeira untada. Pincele *shoyo* em todos, espalhe gergelim e polvilhe salsa desidratada sobre eles.

Em forno já bem quente, asse os palitinhos até dourarem. Arrume-os em um cestinho e sirva-os com a sopa de milho quente.

SOPA DE TOMATE

- 10 tomates maduros sem pele e sem sementes picados
- 1 copo de temperos verdes frescos picadinhos
- 1 copo de aipo cortado em rodelas fininhas
- 1/2 repolho roxo cortado em tirinhas
- 1 colher de chá de caril
- 1 colher de chá de molho de caril doce
- 2 colheres de sopa de óleo de milho
- 1 pitada de açúcar
- 1 colher de chá de sal

Coloque 8 tomates em uma panela sem água, tampe-a e mantenha em fogo alto por 15 minutos. Bata os tomates com a água que se formou no liquidificador e coe.

Coloque o óleo em outra panela e refogue os temperos junto com o aipo. Mantenha o fogo alto e adicione o repolho roxo, o sal e o açúcar. Assim que estiver macio junte os tomates restantes picados.

Mexa por 5 minutos em fogo alto e acrescente o tomate batido. Deixe a sopa levantar fervura e então sirva-a.

SOPA PICANTE

- 2 batatas cortadas em quadradinhos
- 2 abobrinhas italianas cortadas em quadradinhos
- 1 cenoura cortada em quadradinhos
- 1 copo de arroz integral cozido
- 2 copos de aipo cortado em rodelas finas
- 1 copo de cogumelos-paris frescos inteiros ou cortados ao meio
- 1/2 maço de brócolis cortado em raminhos
- 5 tomates sem pele picados
- 1/2 copo de purê de tomate
- 2 colheres de sopa de folhas frescas de manjericão picadas
- 1/2 colher de café de pimenta-malagueta
- 1 colher de sopa de trigo-mourisco
- 3 colheres de sopa de óleo de milho
- 1 colher de sobremesa de sal

Para os *croûtons*:

- 5 fatias de pão de fôrma cortadas em quadradinhos pequenos
- 2 colheres de café de sal
- 4 colheres de sopa de azeite de oliva a gosto

- 5 colheres de sopa de *tahine* diluído em água
- 4 colher de sopa de limão
- 1 colher de café de *zattar*

Coloque as batatas, as abobrinhas, a cenoura e o aipo em uma assadeira e leve ao forno médio até amaciarem.

Leve ao fogo uma panela com óleo de milho e doure os cogumelos junto com os raminhos de brócolis. Adicione a pimenta, o sal e o manjericão e mexa com colher de pau, em fogo alto, por 5 minutos.

Coloque o purê de tomate, os legumes assados e cubra com água.

Mantenha a panela semitampada e o fogo alto por 20 minutos. Adicione o tomate picado e o trigo-mourisco e sirva a sopa ainda quente com *croûtons*.

Arrume os quadradinhos de pão em uma assadeira. Misture os demais ingredientes em um pote à parte a fim de preparar um molho.

Pincele o molho sobre os quadradinhos de pão e asse-os em forno preaquecido por 15 minutos, virando-os e pincelando mais molho se necessário.

Assim que estiverem dourados arrume-os em um cestinho e sirva acompanhando a sopa.

SOPA REFORÇADA DE FEIJÃO-PRETO

- 2 abobrinhas italianas cortadas em quadradinhos
- 2 copos de couve cortada bem fininha
- 2 copos de acelga cortada bem fininha
- 2 copos de endívia cortada em tiras finas
- 1 copo de aipo cortado em rodelas finas
- 3 copos de feijão-preto cozido
- 1 copo de temperos verdes cortados bem miúdos
- 2 tomates sem pele e sem sementes, picadinhos
- um pouco de espaguete cru
- 3 colheres de sopa de óleo
- 1/2 colher de sobremesa de sal
- 4 colheres de sopa de *shoyo*

Para acompanhar:

- 4 fatias de pão de fôrma descascadas e cortadas em pequenos cubos iguais
- 4 colheres de sopa de azeite de oliva
- 1 colher de café de zimbro
- 1 colher de café de caril
- 1 pitada de páprica picante
- sal a gosto

Em uma panela larga coloque o óleo e os temperos verdes, o aipo e o sal. Em fogo alto e mexendo sempre com colher de pau, adicione a abobrinha, e assim que estiver macia acrescente a couve, a acelga e a endívia.

Bata o feijão no liquidificador, com água suficiente para bater sem forçar. Passe o feijão batido por peneira e adicione o caldo à panela dos refogados, junto com os tomates picados.

Assim que a sopa ferver adicione o *shoyo* e o espaguete. Quando o macarrão estiver cozido apague a sopa e sirva-a quente.

Para acompanhar, aqueça o azeite de oliva e junte todos os temperos.

Arrume os cubinhos de pão em uma assadeira e pincele o azeite temperado sobre todos, polvilhando em seguida com sal.

Leve ao forno preaquecido e deixe em temperatura média por 20 minutos aproximadamente, ou até estarem dourados.

Sirva-os com a sopa quente e para guardá-los, coloque em um pote bem vedado para que permaneçam crocantes.

SOPA *SUJIKESH*

- 3 copos de *radicchio* cortado em tiras finas
- 1 copo de batata descascada e cortada em tiras finas e compridas
- 1 copo de chuchu descascado e cortado em tiras finas e compridas
- 1 copo de nabo descascado e cortado em tiras finas e compridas
- 1 copo de repolho roxo cortado em tiras finas
- 1/2 copo de broto de bambu cortado em quadradinhos
- 1 pimentão vermelho cortado em tiras finas
- 2 tomates sem pele e sementes cortados em tiras
- 1 copo de temperos verdes frescos picadinhos
- 1 colher de sobremesa de maisena diluída em 1 copo de água
- 1 colher de sobremesa rasa de sal
- 1/4 de pacote de espaguete grano duro
- óleo

Refogue no óleo, por 10 minutos, os temperos, o pimentão, o sal e mantenha o fogo alto.

Coloque todos os legumes e cubra-os com água quente. Deixe em fogo baixo por 50 minutos.

Junte o macarrão e assim que estiver macio ponha a maisena diluída.

Mexa até engrossar e sirva a sopa quente.